BOEKANALYSE

AF142001

Oscar en oma Rozerood

· · · · · · · · · · · · · ·

Éric-Emmanuel Schmitt

BOEKANALYSE

Geschreven door Laure de Caevel
Vertaald door Nikki Claes

Oscar en oma Rozerood

• •

Éric-Emmanuel Schmitt

ÉRIC-EMMANUEL SCHMITT 5

Frans-Belgische schrijver 5

OSCAR EN OMA ROZEROOD 6

Een emotionele achtbaan 6

SAMENVATTING 7

Kinderjaren in het ziekenhuis 7
Volwassenheid 8
Ouderdom 10

KARAKTERSTUDIE 12

Oscar 12
Oma Rose 13
Oscar's ouders 14
Gehospitaliseerde kinderen 14
God 15

ANALYSE 16

De cyclus van het onzichtbare en de inspiratie voor het boek 16
Ziekte en dood 17
Epicurische filosofie 20
Van boek naar film 22

VERDERE REFLECTIE 23

Enkele vragen om over na te denken... 23

VERDER LEZEN 25

Referentie-uitgave 25
Referentiestudies 25
Aanpassingen 25

ÉRIC-EMMANUEL SCHMITT

FRANS-BELGISCHE SCHRIJVER

- **Geboren in Sainte-Foy-lès-Lyon (Frankrijk) in 1960.**
- **Opmerkelijke werken:**
  - *De Alternatieve Hypothese* (2001), roman
  - *Ulysses uit Bagdad* (2008), roman
  - *Drie vrouwen in een spiegel* (2011), roman

Éric-Emmanuel Schmitt is een van de meest gelezen Franse auteurs ter wereld. Hij is geboren in 1960 en woont nu in Brussel. Voordat hij schrijver werd, behaalde hij met succes een *agrégation* (een zeer selectief vergelijkend examen voor leraren) in de filosofie. Hij begon zijn schrijfcarrière in het theater met *Don Juan on Trial* (1991), een variatie op de mythe van Don Juan, en *The Visitor,* een toneelstuk waarin Freud (Oostenrijkse neuroloog, 1856-1939) wordt bezocht door een raadselachtige man die beweert God te zijn. Terwijl hij voor het theater schreef, werkte Schmitt ook aan boeken (*The Alternative Hypothesis*, 2001), korte verhalen (*The Most Beautiful Book in the World*, 2006) en zelfs een autobiografische roman (*My Life with Mozart*, 2005). Onlangs stapte hij achter de camera om twee van zijn boeken te verfilmen, waaronder *Oscar and the Lady in Pink.*

OSCAR EN OMA ROZEROOD

EEN EMOTIONELE ACHTBAAN

- **Genre**: roman
- **Referentie uitgave**: Schmitt, É-E. (2002) *Oscar et la Dame rose*. Parijs: Magnard.
- **1e druk**: 2002
- **Thema's**: ziekte, religie, ziekenhuis, jeugd, leven, dood

Oscar en oma Rozerood, gepubliceerd in 2002, maakt deel uit van de Cyclus van het Onzichtbare, een serie romans waarin kinderen geconfronteerd worden met verschillende geloofs-overtuigingen. Door middel van gesprekken tussen een kind en een ouder personage laat Schmitt zien hoe spiritualiteit iemand kan helpen een volwaardig leven te leiden.

Via een reeks brieven aan God maken we kennis met Oscar, een jongen die kanker heeft. Hij begint deze brieven te schrijven op aanraden van Oma Rose, een oude vrouw die zieke kinderen moet troosten en met wie hij vriendschap sluit. Schmitt schrijft niet alleen over spiritualiteit, maar behandelt ook op bewonderenswaardige wijze het moeilijke onderwerp van in het ziekenhuis opgenomen kinderen zonder melodramatisch te worden.

SAMENVATTING

KINDERJAREN IN HET ZIEKENHUIS

Oscar is een 10-jarige jongen met een ernstige ziekte die hem opsluit in het ziekenhuis. Daar ontmoet hij Oma Rose, een voormalige worstelaar met de bijnaam "De wurger van de Languedoc". Na zijn recente operatie heeft het jongetje het gevoel dat iedereen in zijn omgeving iets voor hem verbergt, behalve Oma Rose. Zij is de enige die eerlijk genoeg is om hem te vertellen dat zijn beenmergtransplantatie niet geslaagd is. Ze merkt dat hij eenzaam is en stelt voor dat hij brieven schrijft aan God om zich minder alleen te voelen en alles kwijt te raken. Ze stelt ook voor dat hij elke dag een wens doet. Oscars eerste wens is een antwoord op de volgende vraag: "Zal ik beter worden?"

Helaas is het antwoord nee. Oscar beseft dit nadat hij zijn ouders, die hem normaal alleen op zondag komen bezoeken, op een andere dag in het ziekenhuis aantreft. Terwijl hij de deur afluistert, hoort Oscar dokter Düsseldorf zeggen dat er niets meer aan te doen is. Zijn ouders zijn er kapot van en vertrekken zonder de moed op te kunnen brengen om hun kind te zien. Oscar sluit zichzelf per ongeluk op in een bezemkast en als hij gevonden wordt, is de enige met wie hij wil praten oma Rose. Hij vertelt haar wat hij heeft gezien, en zij raadt hem aan weer naar God te schrijven. Ze stelt ook voor dat hij elke dag moet leven alsof het tien jaar is, zodat hij een volledig leven kan leiden. Aan het eind van deze dag is Oscar dus tien jaar oud. De volgende dag komen zijn ouders hem bezoeken met een geweldig cadeau: de CD van *De Notenkraker* (ballet van de Russische componist Tsjaikovski, 1840-1893). Ze kunnen niet toegeven dat ze de dag ervoor naar het ziekenhuis zijn gekomen, dus Oscar zwijgt en trekt zich terug in zijn muziek. Hij is een beetje verbaasd als het tijd is om afscheid te nemen en zijn moeder zich in zijn armen werpt, maar hij reageert niet.

Hij wordt dan een tiener en wordt verliefd op Peggy Blue (zo genoemd vanwege haar blauwe huid; ze heeft een ziekte die de bloedstroom naar haar wangen belemmert, die daardoor niet genoeg zuurstof krijgen en een blauwachtige kleur krijgen). Oma Rose moedigt hem aan Peggy te vertellen dat hij haar 's nachts zal beschermen tegen spoken. Pop Corn (wiens bijnaam afkomstig is van zijn overgewicht) beweert echter dat Peggy wil dat hij haar beschermt. Als Oscar verslagen op pad gaat, komt hij Sandrine tegen, die het Chinese meisje wordt genoemd (omdat ze leukemie heeft en een zwarte, gladde pruik heeft). Ze kust hem, wat Oscar walgelijk vindt. Later stuurt Oma Rose hem naar Peggy om zijn gevoelens op te biechten. Eigenlijk wil Peggy dat hij haar beschermt tegen de geesten, niet Pop Corn. Oscars wens voor die dag is om met Peggy te trouwen.

VOLWASSENHEID

Die nacht hoort Oscar geschreeuw en schiet zijn geliefde te hulp. Hij realiseert zich echter dat het geschreeuw in werkelijkheid afkomstig is uit de kamer van Bacon, een jongen met ernstige brandwonden die nog steeds pijn lijdt ondanks de crèmes en huidtransplantaties die de artsen hem geven. Peggy, die gelooft dat het Oscar is die schreeuwt, komt ook aangerend. Ze komen elkaar uiteindelijk tegen en ze vraagt hem de nacht bij haar door te brengen, wat hij accepteert. Tijdens de nacht trouwen de twee kinderen. De volgende dag zijn de verpleegsters niet al te blij de twee kinderen samen aan te treffen, maar Oma Rose weet de situatie te bezweren.

Een paar dagen later moet Peggy een operatie ondergaan, en Oscar wenst dat ze de uitslag goed opneemt, wat het ook is. Oscar maakt zich zorgen en is boos over het feit dat de kinderen ziek zijn. Oma Rose vertelt hem dat mensen die gezond zijn ook problemen hebben, zich down voelen en moeilijke tijden doormaken. Oscar vraagt haar dan om hem te adopteren, zoals hij al deed met zijn oude teddybeer op de dag dat zijn ouders hem een nieuwe gaven.

Peggy's operatie gaat goed. Haar ouders vertellen Oscar dat ze op hem rekenen om haar te beschermen.

De volgende dag neemt Oma Rose Oscar mee naar de ziekenhuiskapel. Hij is verbaasd als hij het beeld van Christus ziet met zijn doornenkroon en de spijkers die door zijn handen en voeten zijn geslagen. Hij is verontwaardigd en zegt dat hij, als hij God was, het lijden zou vermijden. Oma Rose legt hem uit dat er twee soorten lijden zijn: het eerste is fysiek, waarvoor we gemaakt zijn om te lijden, terwijl het tweede emotioneel is, waarvoor we kiezen om te lijden.

Naarmate de tijd vordert, beginnen de tekenen van een midlife crisis te verschijnen, samen met de zorgen die daarmee gepaard gaan. Pop Corn vertelt Peggy dat Oscar het Chinese meisje heeft gekust. Hoewel het gebeurde voordat ze samen waren, is het jonge meisje verdrietig en maakt een einde aan hun relatie. Oscar, in shock, laat Brigitte, het meisje met het syndroom van Down, hem helemaal kussen. Oma Rose raadt hem aan Peggy te vertellen hoe hij zich voelt, om zijn domme gedrag goed te maken. De volgende ochtend doet Oscar precies dat: hij vertelt haar dat zij de enige is van wie hij houdt, en het jonge meisje vergeeft hem.

Om een slechte kerstdag bij zijn ouders te vermijden, plant hij zijn ontsnapping: zijn vrienden dragen hem naar de kofferbak van oma Rose's auto zodat hij met haar kan vertrekken. Later vindt ze hem op haar stoep en is geschokt. Ze legt uit dat zijn ouders zich grote zorgen maken omdat ze hem niet kunnen vinden. Oscar antwoordt dat hij het gevoel heeft dat ze denken dat hij een monster is. Oma Rose maakt hem duidelijk dat zij bang zijn voor de ziekte, niet voor hem, en dat ook zij op een dag zullen sterven en achtervolgd zullen worden door spijt als ze het niet goedmaken met hem. Oscar stemt er uiteindelijk mee in om Kerstmis met zijn ouders bij oma Rose thuis door te brengen. Ze kijken samen naar een worstelwedstrijd en hebben een gelukkig kerstfeest.

OUDERDOM

Nu hij meer dan 60 jaar oud is, begint Oscar moe te worden. Hij brengt de dag door met luisteren naar *De Notenkraker* en wil dat God hem weer komt bezoeken.

Als hij 80 jaar wordt, begint hij na te denken. Aan het begin van de dag plant Oscar zijn Saharaplant, een kerstcadeau van oma Rose, die maar één dag leeft.

Hij heeft samen met Peggy het *Medisch Woordenboek* gelezen en is verbaasd dat er geen vermeldingen zijn voor leven", "dood", "geloof" en "God", die volgens hem de belangrijkste woorden van allemaal zijn. Oma Rose legt uit dat dit komt omdat ze geen vaste, definitieve betekenis hebben.

Aan het eind van de dag komt een zeer teneergeslagen dokter Düsseldorf naar zijn kamer. Oscar vertelt hem dat hij zich niet schuldig moet voelen als hij mensen slecht nieuws vertelt, omdat hem geen schuld treft, wat de dokter doet opleven.

Kort daarna moet Peggy naar huis. Oscar is verdrietig en geeft God de schuld, die hem komt bezoeken. De jongen ziet hem in de opkomende zon: God maakt hem duidelijk dat hij naar alles moet kijken alsof hij het voor het eerst ziet, en dat het geluk daarom draait. Zijn wens voor die dag is dat zijn ouders en Peggy hetzelfde kunnen voelen.

Oscar is nu 100 jaar oud en wordt filosoof. Hij legt aan God uit dat het leven een geschenk is. Eerst denken we dat het eeuwig duurt. Dan ontdekken we dat het niet zo lang duurt als we dachten. Ten slotte beseffen we dat we het slechts in bruikleen hebben gekregen, en nu moeten we het teruggeven en laten zien dat we het verdiend hebben. Helaas wordt Oscar steeds vermoeider. Dit is zijn laatste brief.

De volgende is getekend door Oma Rose, die God vertelt dat Oscar is overleden. Ze is erg verdrietig en vertelt hem alles over wat de jongen haar heeft laten voelen en ervaren. In het naschrift vertrouwt ze hem toe dat Oscar de laatste dagen een bordje op zijn deur had gehangen met de tekst "Alleen God heeft het recht mij wakker te maken."

KARAKTERSTUDIE

OSCAR

Oscar is een 10-jarige jongen die aan een ernstige ziekte lijdt. Ondanks de inspanningen van de ziekenhuisartsen verbetert zijn gezondheid niet, en hij hoort al snel dat hij nog maar een paar dagen te leven heeft. Hoewel zijn ouders, die hem eens per week bezoeken, het onderwerp niet in zijn bijzijn ter sprake brengen en hoewel hij het goed kan vinden met de andere kinderen op de afdeling, begint hij langzaam de ernst van zijn ziekte in te zien en moet hij leren deze te accepteren.

Hij wordt daarbij geholpen door de geruststellende aanwezigheid van Oma Rose, een bezoekster die hem voorstelt zijn laatste dagen te leven alsof het tien jaar waren. Beetje bij beetje begint het jongetje mee te spelen: hij wordt verliefd, ervaart zijn eerste hartzeer, verzoent zich met zijn soulmate, denkt na over de zin van leven en dood, enzovoort. De oude vrouw leert hem ook zijn lot te aanvaarden door hem kennis te laten maken met de christelijke spiritualiteit, waardoor hij gemakkelijker kan omgaan met zijn lijden en dat van zijn omgeving. Hoewel hij aanvankelijk door woede wordt verteerd, kalmeert hij uiteindelijk en houdt hij op zich schuldig te voelen omdat hij niet beter wordt. Op deze manier doorloopt hij de verschillende stadia van rouw en komt hij in het reine met zijn naderende dood, of liever gezegd leert hij die op een zo rustig mogelijke manier te vrezen in het belang van zijn ouders en zichzelf. Gaandeweg is de lezer dus getuige van de transformatie van het jongetje: hij gaat van een naïef kind naar een voor zijn leeftijd ongewoon kalm en volwassen kind.

OMA ROSE

Oma Rose, een oude ziekenhuisbezoekster, stelt zich aan Oscar voor als een ex-worstelaar, wat haar soms grove taalgebruik verklaart. Ze is heel eerlijk en aarzelt niet om te zeggen wat ze denkt, zowel wanneer ze de verpleegsters de les leest als wanneer ze Oscar vertelt over God. Ze gebruikt verzonnen worsteltoernooien en tegenstanders om de jongen uit te leggen hoe zij het leven ziet. Het doel van Oma Rose is om Oscar zijn dood te laten aanvaarden, op zo'n manier dat hij deze wereld op de zachtst mogelijke manier zal verlaten. Omdat zij ouder en meer ervaren is, lijkt zij in Oscars ogen geloofwaardiger. Om hem te overtuigen gebruikt ze didactische methoden en een dialectiek, een redenering met vragen en antwoorden.

 ## DIALECTIEK

Dialectiek werd in de oudheid gebruikt door Socrates (Grieks filosoof, 470-399 v.C.) in dialogen van zijn leerling Plato (Grieks filosoof, 427-348/347 v.C.). Het is verbonden met maieutiek, wat etymologisch "de kunst van het baren" betekent, een methode die Socrates gebruikte om de persoon met wie hij sprak "geboorte te laten geven" aan de ware kennis die hij in zich heeft. De filosoof deed dat met een eenvoudig spel van vragen, waardoor de ander de interne tegenstrijdigheden in zijn ideeën zou opmerken.

OSCAR'S OUDERS

Oscar ziet zijn ouders als lafaards omdat ze zijn ziekte niet onder ogen kunnen zien. Hij heeft de indruk dat ze hem als een monster zien sinds zijn mislukte beenmergtransplantatie. Voor hem lijken ze niet in staat tot menselijke relaties. In werkelijkheid zijn ze echter gewoon verloren: ze weten niet hoe ze met de situatie moeten omgaan of hun 10-jarige zoon moeten uitleggen dat hij nog maar een paar dagen te leven heeft.

De situatie verbetert met Kerstmis, wanneer ze erachter komen dat Oscar zich bewust is van de dood en zich heeft neergelegd bij het idee dat hij hen binnenkort zal verlaten. Daarna worden ze weer zoals ze waren voordat hun kind ziek werd.

GEHOSPITALISEERDE KINDEREN

Kinderen in het ziekenhuis verschillen niet zoveel van andere kinderen, ook al worden ze sneller volwassen omdat ze geconfronteerd worden met realiteiten die normaal voor kinderen verborgen worden gehouden.

In *Oscar and the Lady in Pink heeft* elk kind iets unieks. Ze hebben ook allemaal een geestige achternaam die ze van de groep hebben gekregen: De 9-jarige Pop Corn weegt 98 kg; Einstein heeft een vreemd hoofd dat gevuld is met water; Bacon is een brandwondenslachtoffer, en Peggy Blue (wiens naam doet denken aan Peggy Sue) heeft een blauwachtige huid, omdat haar bloed niet genoeg zuurstof krijgt.

◉ PEGGY SUE ET LES FANTÔMES

Peggy Sue et les Fantômes ("Peggy Sue en de spoken") is een serie jeugdboeken met fantasie-elementen van Serge Brussolo (Franse schrijver, geboren in 1951). Het eerste boek verscheen in 2001 en momenteel zijn er 12 boeken in de reeks. Ze vertellen het verhaal van een klein meisje dat met behulp van haar bril geesten kan zien, wat tot allerlei fantastische avonturen leidt.

GOD

In *Oscar and the Lady in Pink* is God meer een vertrouwenspersoon voor Oscar dan een almachtige kracht. Dit betekent dat Oscar niet beter zal worden en dat God hem niet zal genezen. OmaRose laat zien dat de katholieke God een god is die lijdt en daarom de pijn van mensen kan begrijpen.

Op geen enkel moment dwingt ze Oscar om te geloven, maar ze laat hem zien waar ze zelf in gelooft. Bovendien beweert het jongetje aan het begin van het verhaal dat hij agnostisch is en niet weet of hij in God gelooft (ook al is dit standpunt een beetje paradoxaal, aangezien hij hem schrijft). Oscar heeft de indruk dat God gewoon weer een uitvinding van een volwassene is, zoals de Kerstman. Maar naarmate het verhaal vordert, begint hij zich steeds dichter bij Hem te voelen en gaat hij Hem zelfs als een vriend beschouwen. Van tijd tot tijd duikt God op om hem te laten zien dat we het beste moeten maken van wat we hebben, en laat hem ook bepaalde waarheden begrijpen.

ANALYSE

DE CYCLUS VAN HET ONZICHTBARE EN DE INSPIRATIE VOOR HET BOEK

Oscar and the Lady in Pink is het derde boek in The Cycle of the Invisible, een serie boeken gewijd aan religie. De andere boeken zijn *Milarepa* (1997), *Monsieur Ibrahim and the Flowers of the Koran* (2001), *Noah's Child* (2003), *The Sumo Wrestler Who Could Not Gain Weight* (2009) en *Ten Children Ms. Ming Never Had* (2012). Elk van deze films focust op één religie en illustreert hoezeer die het lot van de personages beïnvloedt. De personages worden namelijk aan het denken gezet over hun leven en wat ze ermee aan moeten volgens de religie die ze vinden.

Oscar en de dame in het roze is echter een bijzonder geval, omdat het is geïnspireerd op persoonlijke ervaringen van de auteur. Als kind was Schmitt vaak in het ziekenhuis, soms met zijn vader die fysiotherapeut was, soms als patiënt, soms aan het bed van zieke familieleden. Net als Oscar was hij vertrouwd met lijden en dood en kon hij het effect ervan op de zieken en hun naasten opmerken.

Maar de echte aanleiding was de ernstige ziekte die de auteur zelf onderging en overleefde. Dit deed hem beseffen dat het aanvaarden van lijden en dood even cruciaal is als de wil om beter te worden. Oscar is daarom zowel zijn schepping als zijn rolmodel: dankzij de hulp van Oma Rose, de andere kinderen en de spiritualiteit is Oscar in staat onderscheid te maken tussen wat essentieel is en wat niet en beheerst hij zijn lijden zoals de auteur zelf zou willen doen als hij ooit in dezelfde situatie zou verkeren.

ZIEKTE EN DOOD

De relatie van kinderen met de dood

De ziekte van Oscar dwingt hem in een ziekenhuis te leven. Schmitt presenteert dit thema op een zachte, ingetogen manier, maar dat belet de lezer niet te beseffen hoe gelukkig gezonde kinderen eigenlijk zijn: ze hoeven niet te vechten tegen spoken – een slimme metafoor voor pijn – en ze kunnen genieten van hun gezinsleven.

Door de relatie die de gehospitaliseerde kinderen met de dood hebben, worden ze sneller volwassen. Ze zijn net zo bang als andere kinderen, maar omdat ze dagelijks met de dood moeten leven, overwinnen ze uiteindelijk hun angst.

Ziekte en dood gaan hand in hand met lijden. Oscar staat in zijn brieven niet stil bij zijn pijnen. Hij zegt hooguit dat hij zich erg moe voelt en veel slaapt. Zijn lijden is echter heel reëel en hij moet ermee leven. Wanneer Oma Rose Oscar meeneemt naar de ziekenhuiskapel, legt ze het onderscheid uit dat ze maakt tussen fysiek lijden, waartoe we gedwongen zijn, en emotioneel lijden, waar we zelf voor kiezen. Hier wijst de auteur erop dat als we erin slagen onze moeilijkheden te overwinnen en ervoor kiezen gelukkig te zijn, we niet emotioneel hoeven te lijden.

De relatie van de ouders met de ziekte van hun kinderen

Oscars ouders vinden het erg moeilijk om met hem over zijn ziekte te praten. Vooral Oscar heeft het hier moeilijk mee, omdat hij het gevoel heeft dat hij zijn ziekte alleen moet ondergaan. Bovendien weigeren ze hem te vertellen dat de behandeling van de jongen niet aanslaat en hij nog maar een paar dagen te leven heeft. Ze besluiten direct naar huis te gaan en kunnen de moed niet opbrengen om hem in de ogen te kijken. Oscar weigert hun onhandige pogingen tot genegenheid en beschouwt hen als "lafaards".

Het is echter duidelijk dat zij gewoon door de verschillende stadia van rouw gaan. Allereerst weigeren ze te geloven dat een jong kind ziek kan zijn, temeer daar het kind in kwestie hun eigen kind is. Maar wanneer ze geconfronteerd worden met deze onvermijdelijke waarheid, hebben ze geen andere keuze dan zich neer te leggen bij zijn naderende dood. Hun lijden is net zo reëel als dat van Oscar, omdat ze de dood van een geliefde verwachten en zich er terdege van bewust zijn dat ze nog meer zullen lijden onder wat daarna komt. De lezer heeft echter geen directe toegang tot de gevoelens van Oscars ouders. Zij kunnen slechts raden hoe zij hiermee omgaan via de gedachten van de jongen en de manier waarop hij hen waarneemt. Het is dan ook vooral hun stilzwijgen dat we zien.

De situatie verbetert op eerste kerstdag, wanneer zij hun zoon bij oma Rose ontdekken en beseffen dat Oscar weet wat het lot voor hem in petto heeft. Daardoor kunnen ze zijn pijn delen, wat paradoxaal genoeg hun eigen lijden verzacht.

In zijn roman gebruikt de auteur een vrij vertrouwde stijl, wat logisch is aangezien het boek bestaat uit brieven geschreven door een 10-jarige jongen. Oscar behandelt God dan ook bijna als een vriend, waarbij hij spreektaal gebruikt: "Ik ga je meteen waarschuwen", "die truc hadden ze al met mij uitgehaald", enz. We vinden ook veel uitspraken ("Het is... dat/wie") en afkortingen ("dokters", "chemo", enz.).

Dit vertrouwde register maakt de roman realistischer en creëert een komisch effect dat tot uiting komt in de keuze van de bijnamen voor de zieke kinderen (Pop Corn, Bacon).

De roman heeft ook bepaalde elementen die normaal alleen in toneelstukken voorkomen:

- De verdeling van de roman in brieven is vergelijkbaar met de verdeling van toneelstukken in scènes en handelingen. Bovendien beginnen en eindigen deze brieven, net als de scènes in toneelstukken, met het binnenkomen of verlaten van een personage. Zo opent de tweede brief met de aankomst van Pop Corn, en sluit de twaalfde af met het afscheid van Oscar.

- Het verhaal kent vele onverwachte wendingen, evenals dramatische effecten en plotselinge gebeurtenissen, met name met Oscars volkomen onverwachte ontsnapping naar het huis van oma Rose op eerste kerstdag en het bezoek van God aan het eind van het verhaal.

- Er zijn veel dialogen, en een groot aantal daarvan heeft de vorm van stichomythia (een reeks korte antwoorden) gevolgd door tirades (lange antwoorden die het mogelijk maken een personage te ontwikkelen).

- Het verhaal respecteert min of meer de klassieke eenheden voor drama:

  o de roman speelt zich af in een tijdspanne van 12 dagen, wat een korte periode is, hoewel dit nog steeds veel langer is dan de klassieke tijdseenheid (in de 17e eeuw moest de actie van een toneelstuk zich binnen 24 uur afspelen);

  o In de laatste dagen van Oscars leven vindt de enige hoofdactie van de roman plaats, in overeenstemming met de eenheid van actie;

  o het grootste deel van het verhaal speelt zich af in het ziekenhuis, een besloten ruimte die past bij de eenheid van plaats.

EPICURISCHE FILOSOFIE

De roman kan ook gezien worden als een filosofische vertelling: de hoofdpersoon maakt allerlei beproevingen mee waardoor hij volwassen wordt en filosofische vragen gaat stellen. Bovendien sluit het verhaal af met een moraal: je moet elke dag leven alsof het je laatste is.

Deze moraal kan in verband worden gebracht met de Epicurische filosofie, die ervoor pleit het beste uit het heden te halen. Bovendien gelooft Oscar dat "God het geheim kent om onvermoeibaar en gelukkig te zijn." Daardoor kan de roman worden gezien als een ode aan *carpe diem* (een Latijns citaat dat "grijp de dag" betekent, of "haal het beste uit het nu") door het spel dat Oma Rose aan Oscar voorstelt. Ze raadt hem aan om elke dag te beschouwen alsof hij tien jaar lang is: ze moedigt hem dus aan om het beste te maken van de dagen die hem nog resten, in plaats van verdrietig te zijn omdat het er zo weinig zijn.

Bovendien is de Epicurische filosofie niet bang voor de dood, omdat de dood slechts het uiteenvallen is van de atomen waaruit ons lichaam bestaat, wat hetzelfde is als teruggaan naar onze prenatale staat. Daarom is er geen lijden in de dood. Oma Rose geeft dit idee door aan Oscar door uit te leggen dat hij niet bang moet zijn voor het onbekende.

 ## EPICURUS

Epicurus was een Griekse filosoof uit de 4e eeuw voor Christus. Hij schreef vele verhandelingen die tot op heden helaas niet bewaard zijn gebleven. Wij kennen zijn leer, het Epicurisme, dankzij Lucretius (Romeins dichter en filosoof, ca. 98-55 v.Chr.), die deze ontwikkelde in zijn *De rerum natura* ("Over de aard der dingen").

Het epicurisme wordt vaak karikaturaal voorgesteld als niets anders dan de zoektocht naar grenzeloos genot, maar het voornaamste doel ervan is het bereiken van *ataraxia*, een staat van rust: het gaat erom, het lijden te vermijden door genoegen te nemen met de genoegens die strikt nood-zakelijk zijn om gelukkig te zijn. Het epicurisme is dus het zoeken naar de genoegens die in ons dagelijks leven te vin-den zijn en die geen pijn veroorzaken. Hieruit vloeit het idee voort om elke dag ten volle te beleven.

VAN BOEK NAAR FILM

Schmitt heeft zijn roman tweemaal bewerkt: eenmaal voor het theater in 2003 en eenmaal voor de bioscoop in 2009. Bij de tweede bewerking heeft hij de plot van het boek ingrijpend gewijzigd.

Over het geheel genomen is de film heel anders opgebouwd. Oma Rose, gespeeld door Michèle Laroque (Franse actrice, geboren in 1960), is veel jonger dan in het boek en heet Rose. Ze verkoopt nu pizza's, ook al heeft ze nog een achtergrond als worstelaar, en heeft in het begin niet echt de wens om de zieke kinderen te helpen. Wat ze vooral wil is haar nieuwe zaak uitbouwen. Ze raakt echter toch gehecht aan Oscar en sluit een deal met dokter Dusseldorf: als ze tijd doorbrengt met het jongetje, zal het ziekenhuis haar pizza's kopen. Naarmate de dagen verstrijken, gaat ze steeds meer van Oscar houden en helpt ze hem zijn ziekte te accepteren. Ook al stelt ze hem voor om brieven te schrijven, zoals in de roman, de plot van de film is daar niet omheen gebouwd: het is slechts een van de vele elementen. De kijker ziet de ontwikkeling van het personage met betrekking tot de acceptatie van zijn ziekte door middel van scènes die Oscars leven vanuit een extern gezichtspunt tonen.

Ondanks de aanzienlijke verschillen in structuur zijn het boek en de film grotendeels consistent met elkaar, en is het duidelijk dat het twee versies van hetzelfde verhaal zijn.

VERDERE REFLECTIE

ENKELE VRAGEN OM OVER NA TE DENKEN...

* Ondanks de ernst van het onderwerp slaagt de auteur erin een beetje luchtigheid in de plot te brengen. Hoe? Gebruik voorbeelden om je antwoord te illustreren.

* Hoewel Oscar en Oma Rose hun gedachten uiten door middel van brieven, doen ze dat ook op een andere manier? Gebruik voorbeelden uit het boek om je antwoord te onderbouwen.

* De auteur beschrijft een heel bijzondere vorm van lijden: dat van kinderen die geconfronteerd worden met ziekte. Welke relatie heeft Oscar met zijn eigen ziekte?

* Hoe kunnen we zeggen dat de dood niet negatief wordt voorgesteld? Vanuit welke filosofie kan de auteur dit idee ontwikkelen en hoe doet hij dat?

* Waarom is de relatie van de jonge held met Oma Rose zo belangrijk voor hem?

* Oscar is pas tien jaar oud, maar leeft een vol leven. Wat zijn de belangrijkste fasen van zijn reis?

* Spiritualiteit is een essentieel element van het boek. Hoe stelt het Oscar in staat zijn lot onder ogen te zien?

- Wie zijn de andere kinderen in het ziekenhuis met Oscar? Op welke manier laten zij hem zijn leven daar structureren?

- Oscar heeft een zeer unieke manier van uitdrukken. Welke taalkundige bijzonderheden zie je? Gebruik voorbeelden uit het boek om je antwoord te illustreren.

- Volgt de film uit 2009 het boek naar de letter? Waarom, volgens u?

VERDER LEZEN

REFERENTIE-UITGAVE

Schmitt, É-E. (2002) *Oscar et la Dame rose*. Parijs: Magnard.

REFERENTIESTUDIES

Éric-Emmanuel Schmitt. (Geen datum) *Oscar en de dame in het roze*. [Online]. [Geraadpleegd op 1 oktober 2016]. Beschikbaar op: < http://www.eric-emmanuel-schmitt.com/literature.cfm?nomenclatureId=1772&catalogid=811&lang=EN>

Éric-Emmanuel Schmitt. (Geen datum) *Oscar en de dame in het roze*. [Online]. [Geraadpleegd op 1 oktober 2016]. Beschikbaar op: < http://www.eric-emmanuel-schmitt.com/theatre.cfm?-nomenclatureId=1796&catalogid=805>

AANPASSINGEN

Schmitt, É-E. (2003) *Oscar en de dame in het roze*. [Toneelstuk]. Parijs: Comédie des Champs-Élysées.

Oscar en de Lady in Pink. (2009) [film]. Éric-Emmanuel Schmitt, dir. Frankrijk, België, Canada: Pan-Européenne, TF1 Films, Studio-Canal (Frankrijk); Oscar Films, RTBF (België); Cinémaginaire (Canada).

*We horen graag van jou! Laat
een reactie achter op jouw online bibliotheek
en deel je favoriete boeken op social media!*

De uitgever garandeert de betrouwbaarheid van de gepubliceerde informatie, die echter niet onder zijn verantwoordelijkheid valt.

www.50minutes.com

Master ISBN: 9782808687454
Papier ISBN: 9782808698856
Wettelijk depot: D/2023/12603/1165

Omslag: © Primento

Digitaal ontwerp: Primento, de digitale partner van uitgevers.